RÉPONSE

DE M. BEAVAN

A UNE PUBLICATION ANONYME.

Une circonstance fortuite ayant placé entre les mains de
M. Beavan un exemplaire de cette « Analyse », il s'est aperçu qu'il
y était appelé,

> « A expliquer par quel accident ou avec quelle intention il a
> » produit devant le Tribunal français une lettre de M. Baldwin
> » à M. Beavan (1), par laquelle il a si sérieusement compromis
> » celui qui l'a écrite. »

M. Beavan doit, en premier lieu, faire observer que ce n'est pas
M. Baldwin qui lui a demandé l'explication, mais que c'est l'auteur
anonyme qui la provoque, en cherchant à insinuer que le con-
tenu de la lettre ou sa production aurait compromis celui qui l'a
écrite. Il est inutile de relever ici l'absurdité de ce commentaire ;
mais si M. Baldwin lui-même désire quelques explications ulté-
rieures sur l'usage si mal à propos fait de sa lettre, M. Beavan est
tout prêt à les lui donner avec respect et en toute sincérité : ses
explications porteront toujours ce caractère de franchise qui lui
permet de dire : « Si je me trompe, au moins je suis de bonne
foi. »

Certes, M. Beavan aurait préféré ne s'occuper ni de cet exploit
littéraire, qui doit sa publicité à M. Saunders, ni de l'outrage qu'il
renferme, qu'après la décision suprême de la Cour saisie de l'ap-
pel. Il aurait voulu attendre la fin du procès pour flétrir aussi les

(1) Datée du 5 août 1849.

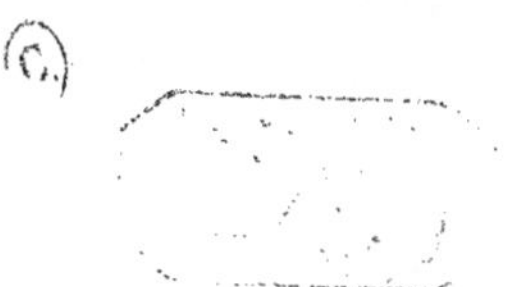

calomnies que depuis cinq ans M. Saunders répand sur son compte. Mais, mis en demeure par la circulaire imprimée, il aime mieux relever de suite la provocation dans la crainte que son silence ne soit interprété comme l'acceptation tacite du reproche qui lui est adressé ; et encore afin de signaler la tentative audacieuse de la part de l'auteur de « l'Analyse », de faire peser sur M. Beavan l'opprobre d'une action indigne dont il est lui-même coupable.

Il est inutile que M. Beavan se plaigne des efforts qu'on a faits pour empêcher que la circulaire anonyme arrivât à sa connaissance, ou qu'il s'attache à démontrer que tout homme honnête, franc et loyal serait incapable de lancer une accusation anonyme contre un adversaire absent ; qu'il aurait au contraire soin de communiquer directement et immédiatement à la personne même qu'il attaque, une publication hostile ; à plus forte raison lorsqu'il s'agit d'une accusation qui fait le point principal de l'écrit publié. Il n'appartient qu'au calomniateur invétéré, en distribuant son œuvre clandestine, de défendre qu'elle soit communiquée à l'homme même qu'il attaque, à l'homme à qui il semble demander une explication. Telle a été pourtant la conduite de M. Saunders dans cette circonstance ; telle déjà elle avait été dans une précédente publication qu'il a fait imprimer et qu'il a mise en circulation dans le printemps de l'année passée (1).

(1) Cette publication antérieure était intitulée :

" A translation from the French of Observations in reply to Mr. Beavan in Paris, *on behalf of the Trustees* of Mr. Boyd. "

Le hasard ayant mis cette circulaire sous ses yeux, M. Beavan s'adressa aux Trustees, M. Petrie et M. Baldwin, pour s'assurer si elle avait été rédigée ou publiée avec leur sanction, ou s'ils en acceptaient la responsabilité. Non-seulement ces Messieurs la désavouèrent, mais ils en repoussèrent toute responsabilité. M. Baldwin notamment la déclara calomnieuse, en ajoutant que M. Saunders en était l'auteur et l'éditeur.

La découverte de cette imposture engagea M. Beavan à communiquer à

Mais arrivons à l'explication : elle est fort simple ; c'est à peu près celle qu'un homme victime d'une soustraction donnerait à un ami qui, ignorant le détournement, s'informerait comment des objets à lui appartenant s'étaient trouvés en possession d'un recéleur qui en aurait fait un mauvais usage ; la seule différence est que, dans le cas actuel, le complice (complice s'il n'en est pas l'auteur), après avoir fait servir l'objet dérobé à un usage indigne, a l'audace de devenir lui-même l'interrogateur. Pour parler plus nettement, M. Saunders somme M. Beavan « d'expliquer par quel accident ou avec quel dessein il a produit la lettre devant le tribunal français ? » Or, c'est précisément de cette lettre que M. Saunders s'est virtuellement rendu le possesseur par des moyens peu scrupuleux ; c'est cette lettre enfin qui, d'après ses instructions et en sa présence, a été produite et lue au tribunal par son avocat et par nul autre ; qu'il a ensuite fait imprimer et circuler à Londres et à Paris, sans autre motif imaginable que celui de satisfaire un sentiment de rancune personnelle ou de pouvoir donner à ses amis abusés quelque preuve de son savoir faire.

M. Beavan déclare positivement et sans réserve que, dans aucune occasion, devant aucune Cour, devant aucun Tribunal, aucune lettre à lui écrite par M. Baldwin n'a été lue par lui ou de sa part.

M. Saunders ayant publiquement et sous l'anonyme demandé une explication, elle lui a été donnée en termes polis ; mais qu'il ne s'y trompe pas : qu'il ne prenne pas cette indulgence pour de la courtoisie : qu'il sache bien que si M. Beavan a consenti à donner une explication, c'est pour le confondre et parce que son indignation l'a pour un moment emporté sur son mépris. C'est avec cette dernière observation qu'il congédie M. Saunders.

M. Saunders sa correspondance avec MM. Petrie et Baldwin, en lui disant en termes fort intelligibles ce qu'il pensait de lui, et que sa publication n'était qu'un tissu de faussetés.

Il entrera maintenant, pour l'édification des personnes que cette affaire peut intéresser, dans quelques détails sur les faits qui se rapportent à la production de la lettre.

Avant le mois d'août dernier, M. Léon Duval, avocat de M. Beavan, exprima le désir de prendre connaissance des lettres originales et des papiers particuliers ayant directement ou indirectement trait à la cause : M. Beavan s'empressa d'y accéder ; et, en lui remettant ces pièces, au nombre desquelles se trouvait la lettre de M. Baldwin, il appela l'attention de M. Léon Duval sur cette lettre et sur une autre pièce, en lui faisant observer qu'elles n'étaient destinées qu'à être lues par lui dans son cabinet, qu'il ne devait pas en être fait usage et qu'elles ne pouvaient être produites, puisqu'elles traitaient aussi des affaires toutes personnelles de M. Baldwin.

Craignant que, dans le tourbillon des affaires, M. Léon Duval n'ait oublié cette réserve, M. Beavan la lui rappela dans une note qu'il lui remit avant sa plaidoirie. M. Léon Duval y répondit en assurant M. Beavan que ses désirs étaient parfaitement compris et qu'il ne devait pas s'inquiéter à ce sujet. Aussi M. Léon Duval n'a-t-il ni produit ni lu la lettre, ni n'en a-t-il fait mention de quelque manière que ce soit.

Elle fut produite au Tribunal par M. Paillet, l'honorable avocat de MM. Petrie et Baldwin, une semaine après la plaidoirie de Me Léon Duval, et deux semaines après celle de M. Péronne. M. Paillet la choisit parmi quelques papiers que lui remit M. Péronne, et la lut *in extenso*, aussi bien la partie concernant le procès que d'autres parties d'une nature privée et toute personnelle ; et ce, en apparence, à la grande satisfaction de M. Saunders, présent à l'audience.

Ni l'avocat de M. Beavan, ni son avoué, M. de Benazé, n'étaient au Tribunal lors de la lecture de la lettre. Plus tard, et quand Me Paillet eut terminé son plaidoyer, M. Benazé, à qui M. Beavan avait communiqué ce qui s'était passé, s'adressa à

M. Paillet pour lui demander la lettre, en lui faisant observer combien M. Beavan était étonné de ce qu'elle ait été produite. M. Paillet répondit qu'elle lui avait été donnée par M. Péronne à qui il l'avait rendue; il pensait qu'elle était venue en sa possession d'une manière régulière, et il engagea M. de Benazé à s'adresser à cet avoué.

M. de Benazé et M. Beavan s'adressèrent en conséquence, et à plusieurs reprises, à M. Péronne pour obtenir la restitution de la lettre. La première réponse de l'avoué fut qu'elle était chez son frère l'avocat, mais qu'il la lui demanderait, et l'enverrait à M. de Benazé. Le lendemain, il déclara qu'il avait oublié d'en parler à son frère, mais qu'il le ferait et enverrait la lettre. On doit faire remarquer ici une circonstance extraordinaire, c'est qu'une heure avant cette dernière promesse, l'avocat Péronne, frère de l'avoué, avait affirmé à M. Léon Duval, qui la lui demandait, qu'il n'avait pas la lettre, que c'était son frère l'avoué qui l'avait, et qu'il le prierait de la rendre. Une nouvelle demande ayant été faite à ce sujet à l'avoué, il répondit que la lettre était égarée, et qu'on ne la trouvait pas; mais il finit par dire qu'il l'avait envoyée au Tribunal avec ses autres papiers, en ajoutant qu'il n'avait pas et n'avait jamais eu l'intention de la rendre; qu'il s'en était emparé afin d'empêcher qu'elle ne disparût, si plus tard il pouvait en avoir besoin. Il assura M. Beavan que M. Saunders n'avait jamais eu cette lettre en sa possession : singulière assurance, quand on considère que M. Saunders en avait envoyé une copie à Londres.

M. Léon Duval, en apprenant la production de la lettre, déclara à M. Beavan, qu'elle n'avait pu passer entre les mains de M. Saunders ou de M. Péronne, que d'une seule manière : c'est-à-dire que M. Péronne (l'avocat) après avoir plaidé, avait prié M. Léon Duval de lui communiquer son dossier, ce que celui-ci avait fait. La lettre, par inadvertance, faisait partie des papiers confiés à M. Péronne. Cette lettre avait été retirée du dossier sans son assentiment et sans qu'il en ait eu connaissance, et à son regret, à son grand étonnement elle ne lui avait jamais été rendue. A qui faut-il attribuer la disparition de la lettre? c'est ce que M. Beavan ne saurait dire. Tout ce qu'il peut affirmer à ce sujet, c'est que la seule fois qu'il l'ait vue entre les mains de l'un ou de l'autre Péronne, ce fut le jour où elle fut produite au Tribunal, et ce jour-là c'était l'avoué qui la tenait.

On ne sera pas surpris d'apprendre que M. Beavan n'a plus revu sa lettre, dont les pérégrinations, après qu'elle eut disparu du dossier de M. Léon Duval, peuvent être comparées à la marche subtile de la muscade, entre les mains d'un habile escamoteur. La lettre se trouvait toujours chez celui-là, jamais chez celui-ci. La seule demande de restitution semblait la faire passer de l'un à l'autre avec toute l'adresse du tour de main : tout comme la muscade, qui n'est jamais sous le gobelet où on l'a vue placer, la lettre n'était jamais chez celui des frères à qui on la demandait. Jamais M. Saunders ne l'avait eu en sa possession, jamais! bien qu'une copie en eût été envoyée à Londres pour y être imprimée et mise en circulation. Au fait, elle a été invisible jusqu'à ce que, comme il arrive ordinairement dans ces occasions, le tour ait été fait, et que la lettre soit venue prendre place dans les archives du Palais.

Jusqu'à l'éclaircissement donné par M. Léon Duval, M. Beavan ignorait que ses papiers eussent jamais été en possession des frères Péronne. S'il avait prévu qu'ils pourraient leur être confiés, il aurait supplié son avocat d'avoir à cet égard une plus grande circonspection et moins de confiance ; et il n'aurait voulu excepter de cette réserve aucun des frères : parce que, en premier lieu, quant à l'avocat, il n'avait jamais entendu parler de lui, si ce n'est dans ces procédures, comme le vif interprète des personnalités et des faits exposés par M. Saunders, ce qui ne pouvait pas lui mériter tant de confiance et de courtoisie de sa part. Quant à l'avoué, il ne savait que peu de chose sur son compte, et ce peu n'aurait pu lui inspirer qu'une confiance très-limitée. En effet, il avait sous lès yeux la copie d'une déclaration, faite sous serment devant la Cour de mylord le chancelier, par quelqu'un à qui l'on doit supposer que M. Péronne était bien connu, c'est-à-dire par son propre client, qui, parlant de l'avoné, dit en termes précis et clairs : « qu'il n'avait nulle confiance en M. Péronne ! »

Le lecteur bienveillant qui aura eu la patience de suivre M. Beavan dans sa réponse, demandera naturellement quel est maintenant le sort de cette malencontreuse lettre ? Hélas ! après une espèce de pérégrination, elle a trouvé un asile dans les archives du Tribunal. Mais comment est-elle arrivée dans ce sanctuaire de tout temps honoré ? Par les soins de qui et par quels moyens ? M. Beavan ne peut pas s'en attribuer le mérite.

Quoi qu'il en soit, une chose est sûre, et M. Beavan peut en répondre, c'est que, à sa connaissance, jamais un mot n'a été échangé entre les avocats ou les avoués pendant le débat devant le Tribunal, qui pût donner lieu à ce que la lettre devînt un dépôt. Certes, si M. Péronne avait dit aux honorables juges de quelle manière peu délicate la lettre était tombée entre ses mains, qu'il n'en avait jamais été fait usage par M. Beavan ou son avocat, qu'elle n'avait jamais été lue par eux, et que même ils n'en firent jamais aucune mention, parce que c'était une lettre privée, relative à des affaires privées et personnelles à celui qui l'avait écrite : S'il avait dit qu'on en demandait le dépôt comme une sorte de justification de l'impression qui en avait été faite, avec le jugement, pour être répandue à profusion en Angleterre et en France, sa demande n'eût point été accueillie ; il lui aurait été enjoint de restituer la lettre dans le dossier d'où elle avait été retirée d'une manière irrégulière, et secrètement. En attendant, la lettre a étrangement obtenu une certaine importance, ayant été le sujet d'une ordonnance du Tribunal, en vertu de laquelle elle est classée dans les archives du greffe.

Un moraliste célèbre a dit que personne ne commettait une action coupable et audacieuse, pouvant lui susciter des embarras, sans y être poussé par de puissans motifs. On ne voit pas un homme donner de la tête contre une poutre pour le seul plaisir de briser l'une ou l'autre.

Voyons quels pouvaient être les motifs de M. Saunders, relativement à la lettre.

Peu de temps avant que M. Léon Duval eut confié son dossier à M. Péronne, M. Saunders avait publié « sa traduction du français des *Observations* », auxquelles il ajoute :

NOTE DU TRADUCTEUR.

« Après une lecture attentive de l'exposé de faits qui précède,
» on aura de la peine à croire que l'un des *Trustees*, aux noms
» desquels les procédures contre M. Beavan ont eu lieu par or-
» dre de la Cour de chancellerie, ait trahi son mandat au point
» d'écrire à M. Beavan pour approuver sa conduite comme hono-
» rable et droite, et pour condamner les procédures intentées
» contre lui sous un ordre de la Cour de chancellerie.

» Ces lettres ont été produites par M. Beavan aux juges français,
» et l'avocat y a fait plus d'une fois allusion en pleine Cour.

» Quel effet elles peuvent avoir produit, ou qu'elles étaient des-
» tinées à produire, ou les motifs qui les ont fait écrire; ce sont
» là des sujets de conjecture. »

Eh bien! les assertions contenues dans cette « note » sont toutes contraires à la vérité. M. Beavan n'a jamais reçu pareilles lettre ou lettres d'aucun des Trustees, et jamais aucune lettre ou lettres, écrites par l'un ou l'autre des Trustees à M. Beavan, sauf une (1), n'ont été produites par lui ou par son avocat aux juges

(1) Cette lettre, qui fait exception, fut écrite par M. R. D. Boyd à M. Beavan, en date du 4 septembre 1838, dans laquelle M. Boyd dit :

« Vous avez, en effet, de la manière la plus honorable, fait tout ce que vous
» pouviez faire, et tout ce qui vous était demandé, et ce, à la satisfaction de tous

français et son avocat n'a jamais fait allusion à de pareilles lettres. Tout ce que M. Saunders dit à ce sujet, est de pure invention ; et c'est aussi ce que M. Beavan lui a déclaré quelques semaines avant la prise de la lettre.

Ensuite M. Saunders arrive à Paris, et M. Péronne se fait remettre le dossier de M. Léon Duval : l'arrivée du client et la remise du dossier sont presque simultanées ; et M. Saunders sera plus hardi que sage s'il déclare qu'il est resté étranger à ce qui s'est passé relativement à la lettre, et à une autre pièce que M. Duval avait également laissée dans le dossier, prêté à M. Péronne.

M. Saunders a pensé que ce qui est bon à prendre est bon à garder : il s'est vanté que la possession de la lettre justifiait les assertions contenues dans sa « traduction du français, » — ce qui n'est pas, — et c'est en vue d'avoir quelque faible preuve qui puisse justifier ces assertions qu'on s'est emparé de la lettre, et qu'elle a ensuite été imprimée et publiée.

Il est loin de la pensée de M. Beavan de s'élever contre l'usage des honorables et intelligens membres du barreau de Paris de se confier leurs dossiers respectifs, mais ayant éprouvé le fatal abus auquel cet usage peut donner lieu, et dans un cas aussi exceptionnel que le sien, il peut se permettre de dire avec Hamlet : *It is a custom more honoured in the breach than the observance.* Il est vrai que plusieurs anciens membres du barreau ont affirmé à M. Beavan que, pendant leur longue carrière, c'est la première fois que pareille chose se soit produite. Sans doute, cela parle en faveur de la coutume, mais cela ne console guère M. Beavan, et il ne pourra se résoudre à s'y conformer dans ses futures contestations avec M. Saunders, à moins que quelque jurisconsulte, moins personnellement mêlé à lui que ne l'est M. Peronne,

» les intéressés, et vous avez ainsi mis l'honneur, le caractère et la mémoire de
» notre ami tant regretté à l'abri des calomnies du monde, ce qui me donne une
» satisfaction plus réelle que je ne puis exprimer. »

2

paraisse dans ces affaires pour réprimer une influence fâcheuse que, malheureusement pour la famille Boyd, on a laissé prévaloir. (*Voir la note à la fin.*)

Une circonstance toute accidentelle, qui ne pouvait être ni prévue, ni empêchée, a fourni à M. Beavan le moyen de répondre au défi porté dans la circulaire anonyme de M. Saunders; sans cela, ces assertions auraient pu passer pour véridiques, et M. Saunders eût figuré comme le candide dénonciateur d'une conduite répréhensible, dont il s'est rendu lui-même coupable et pour laquelle il vient à son tour et à bon droit d'être mis sur la sellette.

Il est impossible que M. Beavan puisse s'assurer du nombre des circulaires anonymes publiées sur cette affaire par M. Saunders, deux seulement sont parvenues jusqu'à lui : « l'*Analyse* » à laquelle il répond ici, et les « *Observations* » dont il a été parlé à la page 2, et comme M. Saunders a fait abandonner à M. Beavan le désir qu'il avait d'éviter toute publication, il se propose de répondre prochainement aux « *Observations*, » en y ajoutant la correspondance qu'elles ont fait naître.

J. P. BEAVAN.

Londres, 8 mars 1854.

NOTE DE LA PAGE 10.

L'unique objet des différens procès qui ont continué pendant tant d'années entre les Trustees de M. Boyd et M. Beavan n'est ni plus ni moins que le recouvrement par la famille Boyd des fonds avancés par elle en 1840 et hypothéqués sur la place d'Orléans, d'abord comme un bon et profitable placement, et ensuite comme une bonne spéculation, qui lui donnerait d'autres avantages considérables énumérés dans un écrit préparé et signé par M. Saunders, que M. Beavan ajoutera à sa publication prochaine.

Pendant l'année 1847, M. Saunders insistait sur des procédures en cour de chancellerie afin d'obliger les Trustees à contraindre au remboursement immédiat de l'hypothèque, et à forcer la vente de la propriété, ce qui étant parvenu à la connaissance de M. Beavan, il prit, au commencement de la désastreuse année de 1848, des mesures pour obtenir les fonds nécessaires et empêcher la ruine que M. Saunders méditait. M. Beavan y réussit, et le 1ᵉʳ avril 1848, avant que les Boyd n'aient commencé des procédures ou en aient fait les moindres frais, et lorsque seulement trois mois d'intérêt sur leur hypothèque étaient dus, il adressa à M. Gregson, le solliciteur des Trustees, la lettre suivante :

« Monsieur, les derniers comptes de l'année 1847, c'est-à-dire » jusqu'à la fin de 1847, m'ont été fournis depuis que je suis ici. » Je vous les enverrai par la première occasion.

» J'ai le regret d'ajouter qu'il n'y a pas d'espoir qu'on touche » des loyers pour le trimestre qui va échoir, au-delà de ce qu'il » faut pour faire face aux impôts et frais de semestre, bien moins » à l'augmentation décrétée par le gouvernement. Je suis également » ment peiné d'ajouter que j'ai reçu dix congés de locataires que, » par suite des événemens récens, le changement de leur posi-» tion force à quitter le Square. Ainsi, il peut y avoir du retard » dans le paiement des intérêts, jusqu'à ce que le semestre » soit dû.

» *Les Trustees de M. Boyd avaient vendu au cours de 116 fr.* » *l'inscription de rentes, dont le montant a formé leur créance hy-* » *pothécaire, et le cours de ces mêmes rentes vendues est mainte-* » *nant au-dessous de 60. Je pourrais avec quelque peine effectuer* » *maintenant un remboursement, si vos clients le désirent, et qu'ils* » *soient disposés à supporter les frais qu'occasionnera le trans-* » *fert.* »

Il est bon de dire que M. Gregson avait préalablement écrit à M. Beavan ce qui suit :

« Bedford Row, 29 mars 1848.

« Monsieur, avez-vous reçu les comptes de M. Roux, de la » place d'Orléans, pour 1847 ? Si vous les avez, veuillez me les en-

» voyer pour la satisfaction des Trustees de M. Boyd, que je re-
» présente. »

En réponse à la proposition de M. Beavan, pour obtenir un transfert de l'hypothèque Boyd, M. Gregson répondit en le priant d'indiquer l'époque où le remboursement pourrait avoir lieu, et pour savoir le montant des frais du notaire pour le transfert. Là-dessus, M. Beavan fit les arrangemens et les démarches nécessaires, et par sa lettre du 10 avril 1848, il répondit à M. Gregson en ces termes :

« Je n'ai pas dit que je ferai de mes propres fonds le rem-
» boursement de la créance hypothécaire ; je disais que je pou-
» vais arranger un transfert si les Trustees désiraient profiter du
» bas cours des fonds français, ce qui leur ferait doubler le mon-
» tant de leur capital primitif. Je les aiderais volontiers, pourvu
» qu'ils supportent les frais du transfert de leur hypothèque. *Je*
» *ne suis pas l'emprunteur*, quoique sans mon consentement ils
» trouveraient bien des difficultés maintenant pour accomplir le
» transfert de leur hypothèque, et il va sans dire que je ne vou-
» drais supporter aucune portion des frais, lesquels, à ce que me
» dit le notaire, ne seraient pas moins de 15,000 francs, ni plus de
» 17,000 francs, et l'arrangement pourrait être effectué au mois
» de mai. Je dois ajouter qu'afin d'épargner des frais, et pour
» d'autres raisons, j'ai prié M. Roux, pour ce qui concerne mes
» intérêts et mon autorité, de ne plus intervenir dans les affaires
» du Square. J'ignore quels sont les pouvoirs qu'il tient de la
» part des Trustees de M. Boyd ; mais comme il était primi-
» tivement nommé par eux et par plusieurs membres de la fa-
» mille Boyd, je suppose qu'il a quelque délégation d'eux.

A cette lettre, M. Beavan reçut de M. Gregson la réponse suivante :

« Bedfort-Row, 19 avril 1848.

« Monsieur, les Trustees et la famille de M. Boyd me prient de
» dire qu'ils ne peuvent adopter la suggestion que vous leur avez

» faite pour le remboursement de leur prêt sur hypothèque de
» la place d'Orléans.

> Signé : John Gregson. »

On aura de la peine à croire que ceci fut la dernière communication que M. Beavan reçut des MM. Boyd ou de leurs nombreux agents. Jamais aucune demande de quelque nature que ce soit ne fut faite pour le paiement de l'intérêt ou du principal de leur hypothèque ; aucun avertissement ne fut donné qu'on avait besoin de leur capital, aucun avis qu'ils avaient remplacé leur précédent agent, et qu'en son lieu et place, ils en avaient nommé d'autres, ou qu'ils avaient donné leurs instructions à M. Péronne pour qu'il agisse pour eux ; enfin, aucune espèce de communication ne fut faite ni à M. Beavan, ni à la place d'Orléans, au gérant résidant de la propriété, depuis la lettre de M. Gregson, du 19 avril 1848, jusqu'à l'époque où M. Péronne fit son attaque sur la propriété et ses locataires avec environ cinquante procès, et qu'il saisit le tout, procédé qui entraînait nécessairement, comme une de ses conséquences, une vente judiciaire forcée à une époque des plus désastreuses, comme cela a été affirmé par trois différens tribunaux, le dernier en cassation.

Il n'y a pas d'exemple d'une conduite plus vindicative, plus oppressive et plus litigieuse. Que pouvaient désirer MM. Boyd de plus que leur principal intérêt et un bénéfice qui doublait leur capital primitif, vendu pour accomplir le placement ? Quant aux intérêts, ils auraient pu les avoir en s'adressant simplement au gérant, de la même manière que M. de Poret avait eu les siens en s'adressant à cet agent ; car M. Beavan, jamais, en aucune occasion, n'est intervenu dans les recettes des loyers. M. Saunders savait que les propriétés de Paris étaient alors on ne peut plus délaissées, et qu'il n'y avait pas d'acheteurs pour les grandes propriétés ; et lui, qui avait obtenu, pour le malheur de la famille Boyd, une influence inconcevable sur eux et sur les Trustees, déclara que, sachant que M. Beavan était sans moyen de se tirer d'affaire, il se faisait fort, si on lui permettait de suivre ses propres vues, de mettre la famille en possession de toute la propriété, dont il deviendrait le gérant. C'était un projet favori de M. Saunders depuis plusieurs années ; et en 1849 il déclara plus d'une fois que la propriété était à sa merci, et ce fut sous cette conviction qu'il commença ses procédures litigieuses et oppressives. Une circonstance heureuse conduisit M. Beavan chez M. Léon Duval et M. de Benazé, et c'est à leurs talens, à leur énergie infatigable, et à leurs soins assidus, qu'il doit d'avoir pu échapper à l'étreinte de M. Saunders et de ses confédérés.

Il est absurde de supposer que les frais du notaire aient pu empêcher de conclure l'arrangement offert par M. Beavan, ou M. Gregson l'aurait dans dit sa lettre. Il n'y avait nul motif pour que M. Beavan eût eu à supporter les frais du notaire : il n'était pas l'emprunteur de l'argent, il n'en avait pas en 1840 sollicité le placement, quoiqu'en disent M. Saunders et ses agens. Mais plaider était alors à l'ordre du jour, et comme le moyen le plus certain de ruiner un homme et de s'emparer de sa propriété était de l'envelopper, lui et la propriété, dans une série de procès, Saunders, Péronne et l'esprit de chicane prévalurent.

Jamais M. Beavan n'eût pu imaginer comment cette conduite extraordinaire avait été adoptée. Il connaissait l'honorabilité du caractère personnel des trois Trustees d'alors, et ce ne fut qu'à la lecture des comptes de frais des avoués anglais de Saunders, lesquels frais avaient été taxés et payés par la Cour de chancellerie, qu'il découvrit que cette conduite était due à l'influence de M. Saunders qui, à son tour, subissait celle des conseils de M. Péronne. L'histoire est toute entière dans les faits justificatifs des honoraires du jurisconsulte pour son conseil en cette occasion. Voici un extrait de son Mémoire :

« 1er avril 1848. M. Gregson nous ayant envoyé copie d'une
» lettre qu'il avait reçue de M. Beavan, expliquant l'impossibilité
» de payer maintenant l'intérêt de l'hypothèque et promettant

» d'envoyer les comptes de la place d'Orléans pour 1847 et of-
» frant de replacer les fonds qui avaient été vendus par les Trus-
» tees de M. Boyd à 116 (les mêmes fonds étant maintenant à 60),
» si les Trustees le désiraient et voulaient supporter les frais du
» transfert, avoir fait une copie de cette lettre et l'avoir trans-
» mise à M. Saunders pour qu'il en prît connaissance.

» 18 avril 1848. Conférence avec M. Saunders, qui nous a
» communiqué une lettre qu'il venait de recevoir de M. Péronne,
» lui conseillant de ne pas entrer dans la proposition d'un rem-
» boursement de l'hypothèque et lui donnant d'amples raisons
» pour ce conseil : il fut décidé que nous agirions conformément
» à ce conseil. »

Ceci n'a pas besoin de commentaire. Les Boyd, agissant sous
l'influence de MM. Saunders et Péronne, refusèrent leur paiement intégral et un surplus presqu'égal à la totalité de leur placement, et se jetèrent, tête baissée, dans une série de procédures
injustifiables et intempérées contre M. Beavan, lesquelles ren-
daient impossible le paiement de leurs intérêts, et peuvent rendre
probable la perte d'une partie de leur placement primitif. Ceux
des membres de la famille Boyd qui ont droit à la jouissance de
l'intérêt sont sans doute gênés et contrariés de ce qu'il leur est
retenu, mais M. Beavan n'en n'est pas responsable ; c'est la conséquence indispensable des procédés de M. Saunders et c'est à
lui seul qu'est dû un reproche qui sera probablement mérité pendant plusieurs années à venir.

M. Saunders se plaint de ce que M. de Poret, également bail-
leur de fonds comme les Boyd, touche ses intérêts tous les se-
mestres sans avoir eu à subir les moindres frais, pendant ces
procès, relativement à son hypothèque. Cela est vrai, M. de Poret
est un homme d'honneur et un demandeur judicieux, et il est toujours guidé par l'esprit de justice et par des sentimens honorables.
Il n'a pas pour conseil M. John James Saunders, ni pour avoué
M. Péronne, et il n'a ainsi ni procès, ni embarras, ni arriéré.

Paris. — mprimerie de E. Brière, rue Ste-Anne, 56.